AF313689

CATALOGUE
D'OBJETS D'ART

ET DE

BEL AMÉUBLEMENT

DES XVᵉ, XVIᵉ, XVIIᵉ ET XVIIIᵉ SIÈCLES

Argenterie — Bijoux — Diamants

Bronzes — Marbres — Tableaux

MEUBLES DE SALON EN TAPISSERIE

ET EN LAMPAS

Très beau Cabinet Louis XIII ; grand Berceau Louis XIV

MEUBLES EN BOIS SCULPTÉ

TRÈS BELLES TAPISSERIES

des Gobelins, de Beauvais et de Flandres

Étoffes anciennes — Portières brodées d'Orient

Violon signé Antonius Stradivarius — Objets divers

PROVENANT

DU CHATEAU DE SAINT-S···

DONT LA VENTE AURA LIEU

HOTEL DROUOT. — SALLE Nº 1

Les Lundi 29 et Mardi 30 Janvier 1883, à 2 heures

Mᵉ E. BERTHELIN	**M. A. BLOCHE**
COMMISSAIRE-PRISEUR	EXPERT
29, rue Le Peletier, 29.	44, rue Laffitte, 44.

Chez lesquels se trouve le présent Catalogue.

EXPOSITION PUBLIQUE :

Le Dimanche 28 Janvier 1883, de 1 heure 1 2 à 5 heures.

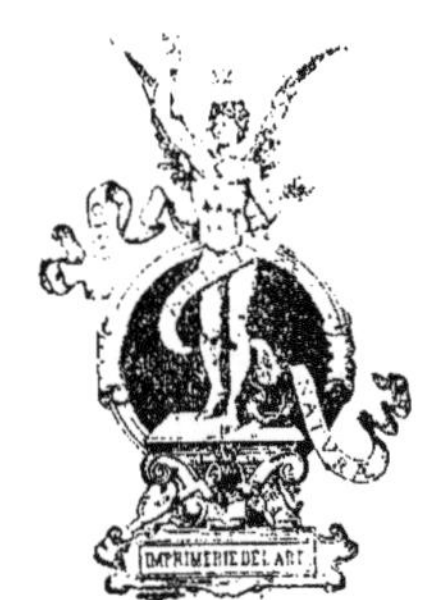
IMPRIMERIE DE L'ART

CONDITIONS DE LA VENTE

Elle sera faite au comptant.

Les Acquéreurs paieront CINQ POUR CENT en sus des enchères.

L'exposition mettant le public à même de se rendre compte de l'état des objets, il ne sera admis aucune réclamation une fois l'adjudication prononcée.

PARIS. — IMPRIMERIE DE L'ART, J. ROUAM, 41, RUE DE LA VICTOIRE.

DÉSIGNATION DES OBJETS

OBJETS D'AMEUBLEMENT

ET DE CURIOSITÉ

1 — Magnifique *meuble-cabinet* d'aspect monumental
en bois d'ébène, marqueterie d'écaille, et richement orné de bronzes, époque Louis XIII.

2 — Beau berceau formant jardinière en bois sculpté
et doré, représentant une barque guidée par des
amours et supportée par des petits tritons, époque
Louis XIV.

3 — Jardinière de l'époque Louis XVI.

4 — Ameublement de salon et tapisserie du temps de
Louis XVI, représentant des scènes champêtres
à petits personnages et des sujets de chasse, se
composant d'un canapé et huit fauteuils, bois
d'acajou.

5 — Monture de pendule en bois sculpté et doré, époque
     Louis XVI.

6 — Jolie pendule en bronze finement ciselé et doré,
     mouvement supporté par des rinceaux à guir-
     landes de roses et couronné par des groupes de
     colombes, époque Louis XVI.

7 — Bel ameublement de salon en noyer sculpté et ciré,
     couvert en lampas fond rouge à fleurs, époque
     Louis XVI, se composant d'un canapé, deux ber-
     gères, dix fauteuils, deux petits tabourets, un
     écran.

8 — Écran en laque à rehauts, d'or, monture bois
     noir, genre bambou.

9 — Bureau Louis XVI.

10-11 — Deux meubles vitrines Louis XVI.

12 — Buffet Louis XV.

13-14 — Deux tables Henri II en bois sculpté.

15 — Huit glaces avec encadrements de diverses époques.
     (Sera divisé.)

16 — Paire de candélabres en bronze.

17 — Table en chêne sculpté.

18 — Buffet à glace.

19 — Lit Louis XVI.

20 — Vitrine hollandaise.

21 — Deux chenets en bronze.

22 — Armoire normande en bois sculpté.

23 — Autre armoire normande.

24 — Jardinière en cuivre.

25 — Deux tables de nuit.

26 — Porte-Manteaux.

27 — Lit de milieu, commode et table de nuit.

28 — Canapé de fantaisie.

29 — Meuble crédence en noyer ancien.

30 — Cheminée Louis XVI en marbre griotte, ornée de petites pampilles en bronze.

31 — Cheminée Louis XV en marbre, fleurs de pêcher.

32 — Deux petits balcons en fer forgé anciens.

33 — Potence Louis XIV en fer forgé.

34 — Potence Louis XIII en fer forgé.

35 — Lot de boiseries Louis XIV en bois laqué blanc et sculptures dorées, composé de frises, montants, chapiteaux, corniches, moulures, volutes, lambris, etc.

36 — Grande lanterne orientale.

37 — Guéridon trépied, bois d'olivier incrusté.

38 — Autre analogue.

39 — Petite table Louis XVI à dessus de marbre.

40 — Paravent à six feuilles, japonais ancien.

41 — Autre analogue.

42 — Bureau de dame en marqueterie et bronze.

43 — Lustre en bronze et cristaux.

44 — Bibliothèque à quatre portes en chêne.

45 — Paire de très beaux candélabres formés de figures d'amours en bronze, portant des bouquets à trois lumières, époque Louis XVI.

46 — Paire de très belles cassolettes en bronze finement
ciselé et doré, avec anses formées de têtes de
lions, la gorge est ornée d'un tore de laurier, la
panse est à godrons, le pied et le bord à chai-
nette et rosaces, le couvercle est surmonté de
feuilles de laurier et d'une pomme de pin, époque
Louis XVI, socles en marbre vert de mer.

47 — Paire de beaux vases en bronze poli et doré, ornés
de feuillages et de rubans ciselés, socles en
marbre, époque Louis XVI.

48 — Pendule en bronze, représentant un groupe allégo·
rique du Temps, guidé ou éclairé par l'Amour.

49 — Paire de candélabres en bronze, représentant des
nymphes portant des bouquets à trois lumières,
socles et branchages dorés, époque Louis XVI.

50 — Paire de candélabres formés de colonnettes en
pâte tendre de Tournai, surmontées de bouquets
à cinq lumières en bronze doré. Louis XVI.

51 — Pendule en bronze doré, représentant des sujets
allégoriques à l'éducation de l'Amour en bas-
relief et surmontée d'une figurine : amour tenant
une torche, et de deux brûle-parfums, époque
Empire.

52 — Groupe en bronze, époque Louis XVI, Flore et
Zéphire.

53 — Console en bronze, formée par une tête de chérubin, dessus en marbre, époque Louis XIII.

54 — Tabouret couvert en tapisserie et velours rouge.

55 — Petit meuble en bois rose, orné de bronze, formant bureau, époque Louis XVI.

56 — Deux jolis seaux en faïence de Delft dorée.

57 — Thermomètre en bois sculpté et doré Louis XIV.

58 — Colonne en marbre polychrome avec chapiteau en bronze.

59 — Croix processionnelle en cuivre, offrant des cariatides, des dentelures et des têtes de chérubins, XVIᵉ siècle.

60 — Ostensoir en cuivre repoussé offrant des médaillons à figures de saints, des têtes de chérubins et des cariatides, XVIᵉ siècle.

61 — Statuette en bronze doré, Vénus pudique, XVIᵉ siècle.

62 — Beau vidrecome en argent repoussé, partie dorée ornée de cabochons, époque Louis XIII.

63 — Deux fermoirs de livre en argent ciselé, époque Louis XV.

64 — Paire de vases à quatre faces, en émail cloisonné de Chine fond blanc avec médaillons en couleur.

65 — Statuette en bronze, Minerve, époque Louis XIV.

66 — Bougeoir en bronze, époque Louis XV.

67 — Violon portant à l'intérieur l'inscription *Antonius Stradivarius*, avec archet et boîte.

68 — Groupe en marbre blanc : *Le Printemps de la Vie*, par Carrier-Belleuse.

69 — Cariatide en marbre antique, formée par un buste d'amour.

70 — Groupe en marbre : Vierge et enfant Jésus, travail italien du xvıe siècle.

71 — Deux girandoles à trois lumières en cuivre argenté, Louis XVI.

72 — Vasque en cuivre repoussé à armoiries, époque Louis XIII.

73 — Dessus de guéridon en marbre, avec gravure, signée Lagrenée.

74 — Bas-relief en bois sculpté : la Naissance de Jésus. xve siècle.

75 — Buste d'apôtre en bois sculpté et peint gothique.

76 — Buste de guerrier en marbre, époque Louis XIV.

77 — Autre buste en marbre, même époque.

78 — Vierge en bois sculpté, époque Louis XIV.

79 — Fauteuil en velours rouge à fleurons, époque Louis XIII.

80 — Lot de monnaies anciennes en argent. (Sera divisé.

81 — Deux jardinières faïence, fond bleu, sur socle.

82 — Meuble laque rouge, travail chinois.

83 — Potiches Kioto, décoration guerriers.

84 — Chimère faïence.

85 — Deux chaises en bois de fer sculpté très finement.

86 — Paravent bambou et soie.

87 — Écrans de cheminée, bambou et soie.

88 — Coupon de quatre mètres satin noir brodé.

89 — Soupière porcelaine de Chine.

90 — Paire de cornets bleu fouetté, rehaussé d'or.

91 — Paire de vases rouleaux bleu fouetté, rehaussé
d'or.

92 — Grand bol en ancienne faïence de Perse.

93 — Vase en ancienne porcelaine de Chine, fond noir,
décor or.

BIJOUX — DIAMANTS

94 — Broche forme bouquet, en brillants.

95 — Broche camée dur, monté en or.

96 — Broche en or, enrichie d'une améthyste et d'un
double entourage de brillants, griffes en roses.

97 — Parure en corail : broche, collier et pendants
d'oreilles.

98 — Bracelet en or émaillé, représentant des pensées
ornées de perles.

99 — Bracelet en or émaillé bleu.

100 — Bracelet en or émaillé bleu, avec médaillon pour
cheveux, entouré de brillants.

101 — Chaîne de montre en or.

102 — Collier de perle pesant 666 grains.

103 — Broche, forme mouche, en brillants, rubis et émeraudes.

104 — Broche, forme bouquet, en brillants.

105 — Bracelet composé d'améthystes et de brillants, monture en or.

106 — Bracelet, gourmette en or, avec trois médaillons.

107 — Paire de lunettes, monture en or.

108 — Bracelet en or émaillé bleu.

109 — Bague, rosace en roses, monture en or.

110 — Paire de pendants d'oreilles en or, turquoises, brillants et roses.

111 — Paire de pendants d'oreilles en corail.

112 — Bonbonnière en or guilloché.

113 — Quatre boutons de chemise en or.

114 — Bague chevalière en or.

115 — Deux boucles de bretelles en argent.

116 — Camée coquille monté en broche.

117 — Paire de boucles d'oreilles brillants, **entourés de** brillants.

118 — Dé en or.

119 — Paire de lunettes montées en or.

120 — Face à main en écaille, monture en or.

121 — Trois brisures en or.

122 — Éventail.

123 — Bracelet porte-bonheur en brillants.

124 — Paire de boucles d'oreilles en brillants.

125 — Douze cuillers en argent, travail **style Renais**sance.

126 — Trois fourchettes analogues.

127 — Cinq cuillers en argent, travail **style Renais**sance.

128 — Deux salières en argent doré.

129 — Petite coupe en argent doré.

130 — Cafetière en argent.

TABLEAUX — DESSINS

DAVID
(École de)

131 — Salle de théâtre animée d'une multitude de figures. Dessin.

DETROY

132 — La Causerie dans le parc.

FORT
(SIMÉON)

133 — Paysage avec figures. Aquarelle.

HOLBEIN

134 — Portrait d'Anne de Boleyn, femme de Henri VIII d'Angleterre.

MIÉRIS

(Attribué à)

135 — Le Trio.

PALAMÈDE

136 — Réunion de seigneurs dans un atelier de peintres.

PORBUS

137 — Portrait de Marie Stuart. Cadre bois sculpté.

POUSSIN

(NICOLAS)

138 — L'Adoration des Rois Mages. Daté 1635.

ÉCOLE FLAMANDE

139 — Paysage avec cours d'eau et figures de pêcheurs.

ÉCOLE FRANÇAISE

140 — L'Hiver.

ÉCOLE FRANÇAISE

141 — Portrait de dame en costume Louis XIV.

ÉCOLE FRANÇAISE

142 — Deux Dessus de porte. Peinture en grisaille.

ÉCOLE FRANÇAISE

(xviii siècle)

143 — Portrait d'un seigneur et de sa petite fille.

144 — Portrait de dame en riche costume Louis XIV et de son petit garçon.

145 — Deux Dessus de porte.

ÉCOLE FRANÇAISE

146 — Les Quatre Saisons. Quatre miniatures.

ÉCOLE GOTHIQUE

147 — La Vierge tenant l'enfant Jésus. Orné d'armoiries.

148 — Scènes de la Passion.

TAPISSERIES — ÉTOFFES

149 — Très belle tapisserie de Bruxelles de *Ian Van Rotton* (signée) représentant le Retour d'Alexandre. Composition de nombreux personnages, femmes, enfants, guerriers, chevaux, avec bordure à écussons, trophées, guirlandes de fruits et de fleurs, figures allégoriques et oiseaux.

150-153 — Série de quatre belles tapisseries représentant des vues de châteaux et de parcs animés de nombreux oiseaux, d'écureuils et d'autres animaux. Bordures à guirlandes de fleurs.

154-157 — Suite de quatre tapisseries verdures avec oiseaux et vues de châteaux en perspective.

158 — Panneau en tapisserie verdure fine, encadrement en velours rouge.

159 — Dessus de porte en tapisserie de Beauvais, scène pastorale, encadré de rocailles et de fleurs.

160 — Écran en tapisserie au petit point, représentant le Duo, gracieuse composition encadrée de rocailles.

161 — Écran en tapisserie au point, représentant les Quatre Saisons, genre Bérain.

162 — Écran en tapisserie au point, avec médaillon au
centre, à scène champêtre, encadrement à
oiseaux et fleurs.

163 — Petit panneau en tapisserie de la Renaissance, à
petits personnages.

164 — Dessus de porte en tapisserie des Gobelins, tissée
d'argent, représentant un guerrier vaincu.

165-166 — Deux petits panneaux en tapisserie, représentant des petits personnages, encadrements
à fleurs Louis XVI.

167-168 — Deux jolies garnitures de sièges à petits personnages, époque Louis XVI.

169 — Grande tapisserie verdure avec sa bordure, époque
Louis XIV.

170 — Tapisserie à sujet Téniers, avec bordure,
Louis XIV.

171 — Plusieurs jolies tapisseries, sujets maritimes et
verdures. (Sera divisé.)

172 — Très belle portière offrant en broderie sur fond
blanc des écussons, des animaux symboliques
et des fleurs, bordée de frange polychrome, doublée en soie rose, xvii° siècle.

173-174 — Deux magnifiques portières en satin jaune
d'or, orné d'applications en rouge et or, bandes
et garnitures en point de Hongrie, bordures
en belles passementeries vieux velours et fran-
ges lamées d'or, XVIᵉ siècle.

175 — Portière en satin jaune brodé, à grands ramages
en soie de couleur et à paillettes d'argent, garnie
en velours rouge et doublée en soie.

176 — Portière de mosquée forme arcade, en velours de
Perse de différentes nuances, très richement
brodé de légendes et d'ornements, XVIᵉ siècle.

177 — Portière de mosquée forme arcade, en satin rouge,
richement brodé de légendes, de médaillons et
d'ornements, XVIᵉ siècle.

178 — Dessus de piano en satin bleu, orné de guirlandes
de fleurs en tapisserie appliquée.

179 — Bandeau en tapisserie des Gobelins, dessin grec,
époque Louis XVI.

180 — Panneau en tapisserie tissée d'argent, représentant un amour, des fruits et des fleurs, XVIIᵉ
siècle.

181 — Panneau en tapisserie, portrait de Louis XV enfant, en armure.

182 — Tapisserie à petits personnages avec bordures à
guirlandes de fleurs.

183 — Tapisserie représentant un paysage avec cours
d'eau. vue de village, animée d'oiseaux. Bordure à fleurs.

184 — Couvre-pieds en soie ancienne.

185 — Tapis oriental.

186 — Couvre-pieds Louis XVI.

187 — Couverture indienne.

188 — Couvre-pieds, soie ancienne, Louis XVI.

189 — Tapis de salle, soie ancienne, Louis XVI.

190 — Descente de lit oriental à beaux dessins.

191 — Grand tapis de table, drap d'or français.

192 — Petit tapis de guéridon en drap d'or français.

193 — Autre analogue.

194 — Portière en satin bleu foncé, brodé en soie de
couleur, avec son lambrequin, travail chinois
ancien.

195 — Lot de dentelles.

196 — Objets non catalogués.

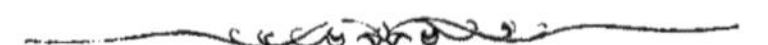